Ute Hammond

Mein erstes Stickbuch

Für meine drei kleinen Ds!

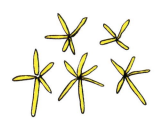

Ute Hammond

Mein erstes Stickbuch

Der Stick-Kurs
für Kinder

AUGUSTUS

So etwas Ähnliches wie ein

VORWORT

Oje, da hat dir jemand ein Stickbuch geschenkt und vielleicht denkst du dir:

STICKEN IST FAD,

STICKEN IST SCHWIERIG,

STICKEN MUSS ICH AUCH IN DER SCHULE...

...BLÖD!

Ich denke, Sticken ist lustig, und schwierig ist es auch nicht, wenn du weißt, wie und womit. Der Spaß fängt schon beim Anschauen und Heraussuchen von all den Stoffen, Stichen und Garnen an. Deshalb findest du jetzt gleich viele, viele Fotos von Nadeln, Scheren, Stoffen, Garnen und was es sonst noch Tolles zum Sticken gibt.

Es gibt Leute, die gerne ganz, ganz schwierige Muster auf ganz, ganz feinen Stoff sticken. Für diese Leute gibt es noch viel mehr Stiche, Stoffe und Garne und dazu auch dicke fette Bücher, in denen sie die Muster nachlesen können. Aber du brauchst nur ein bisschen in diesem Buch zu lesen, schöne Bilder zu betrachten, und dann kann es mit der Stickerei schon losgehen.

Im Buch hat jeder Stich sein eigenes Kapitel. Damit es ganz einfach für dich ist, habe ich alles genau, noch genauer und noch ein bisschen genauer beschrieben. Also kannst du auch kreuz und quer sticken, nach Lust und Laune, auf welcher Seite du willst, und du findest immer eine Erklärung, wie's geht. Wenn dir dann noch etwas spanisch vorkommt, schaust du einfach bei den »Tipps und Tricks« nach.

Ich wünsche dir viel Spaß

Ute Hammond

INHALT

HALLO! ICH BIN HUGO, DIE RAUPE. IHR KENNT MICH VIELLEICHT SCHON AUS DEM STRICKBUCH. ICH MÖCHTE EUCH MEINEN FREUND LANZELOT VORSTELLEN. ER WIRD EUCH DURCH EUER STICKBUCH BEGLEITEN. DAS WIRD SICHER GENAUSO LUSTIG WIE MIT MIR!

HALLO!

DAS ALLES GIBT ES ZUM STICKEN

Stoff

Wenn du dir die Fotos von den Stoffen anschaust, kannst du genau erkennen, dass es welche mit ganz dicken, etwas feineren und sehr, sehr feinen Fäden gibt. Es gibt diese Stoffe auch in vielen schönen Farben.

Bei den Anleitungen habe ich dir auch immer dazu geschrieben, wie viele Stiche auf 10 cm bei dem jeweiligen Stoff Platz haben. Für dich ist das eigentlich egal, aber wenn du dir zum Beispiel von Papa, Mama, Tante, Onkel, Großmutter, Großvater oder sonst jemand Nettem etwas Stoff zum Sticken wünschen darfst, dann weiß die Verkäuferin genau, was du suchst.

Auf der Seite 17 zeige ich dir, wie du den Stramin besticken kannst.

Garne

Auch hier zeige ich dir nur die aller-, allerwichtigsten:

Das *Perlgarn* gibt es in vielen Farben. Es heißt so, weil es gedreht ist und dadurch aussieht wie kleine Perlen.

Das *Spaltgarn* gibt es in noch mehr Farben als das Perlgarn. Es heißt auch Sticktwist oder auf Französisch Mouliné. Dieses Garn kannst du, wie der Name schon sagt, spalten. Ein ganzer Faden besteht aus sechs ganz feinen Fädchen. Du kannst also mit zwei, drei oder fünf Fädchen sticken, eben genau so »dick« oder »dünn«, wie du möchtest und wie es zu deinem Stoff passt.

Die *Stickwolle* nimmst du, wenn du vielleicht einmal einen Gobelin sticken willst. Ganz, ganz früher wurden

Stramin

Stramin ist ein sehr harter Stoff, fast ein bisschen wie Draht.

6

bei den feinen Leuten Sessel, Sofas, Teppiche und Taschen mit Gobelinmustern bestickt. Das sieht wunderschön aus, ist aber sehr viel Arbeit, weil man ja viele tausend Stiche sticheln muss. Aber vielleicht hast du ja Lust, den Gobelinstich auszuprobieren, dann schau auf Seite 19 nach.

Goldenes und silbernes Garn gibt es natürlich auch noch. Man nennt es *Lurex-Garn*.

Werkzeug
Du brauchst: *Nadeln und Schere* immer, *Stickrahmen* manchmal.

Bei den *Nadeln* gibt es dicke und dünne, stumpfe und spitze. Die dicken und dünnen nimmst du immer genauso, wie sie zum Stoff und Faden passen: also bei dickem Stoff einen dicken Faden und eine dicke Nadel, beim dünnen Stoff genau umgekehrt, also dünnen Faden und dünne Nadel. Wann nimmst du aber die stumpfe Nadel? Wenn du dein Stickmuster auszählst. Du stichst dann immer durch die Löcher und spießt nicht den Stoff auf.

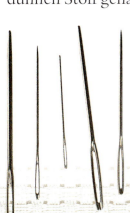

Und wann nimmst du die spitze Nadel? Wenn du auf dem Stoff ein gezeichnetes Muster hast. Da stickst du immer nach der gezeichneten Linie und nicht durch ein Loch.

Klingt das nicht wunderschön kompliziert? Freu dich – ist es nicht!

In deinem Stickbuch habe ich nur einen groben Stoff verwendet, alles ist zum Auszählen, und ich erkläre dir bei den einzelnen Mustern immer ganz genau, welchen Stoff, welchen Faden und welche Nadel du nehmen musst.

Zu den *Scheren* muss ich dir nicht viel sagen. Du kannst eigentlich jede Schere benutzen. Aber mit einer großen Schere kannst du den Faden nicht so leicht abschneiden, denn sie ist zu schwer. Eine kleine Nagelschere geht wunderbar, gibt aber vielleicht Ärger mit deiner Familie!

Deshalb gibt es richtge *Stickscheren*. Sie sind ganz klein, ganz spitz und sehr scharf. Du musst also sehr aufpassen, damit du dir nicht wehtust. Auch eine ganz normale Bastelschere geht natürlich und ist außerdem weniger gefährlich.

Bei großen Flächen stickst du besser mit einem *Stickrahmen*. Du siehst genau, wo du hinstechen musst, und dein Stickstück bleibt schön gerade. Wenn du nur kleine Dinge stickst, brauchst du dafür keinen Stickrahmen.

Es gibt ganz verschiedene Stickrahmen. Runde und eckige, große und kleine. Manche musst du in der Hand halten, manche kannst du am Tisch festschrauben oder einfach hinstellen.

Wie bekommst du ein Muster auf den Stoff?

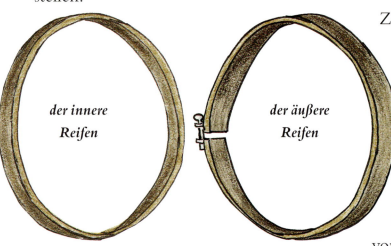

der innere Reifen

der äußere Reifen

Ein normaler Stickrahmen ist rund. Er besteht aus zwei Reifen. Der innere Reifen ist ein bisschen kleiner als der äußere. Der äußere Reifen hat einen Schlitz mit einer Schraube zum Auf- und Zudrehen. Wenn du mit dem Stickrahmen sticken willst, musst du zuerst die Schraube ein wenig aufdrehen und den Stoff über den inneren Reifen legen. Dann stülpst du den äußeren Reifen darüber und drehst die Schraube fest zu. Jetzt ist der Stoff zwischen beiden Ringen »gefangen«, schön glatt gespannt, verzieht sich nicht, und du kannst besonders gut die Löchlein zwischen den Fäden erkennen und abzählen.

Zaubern geht nicht. Also was tust du? Es gibt drei Möglichkeiten: Du kannst deine Idee mit Stiften oder Wasserfarben auf Stoff *aufmalen*. Du kannst ein Muster *aufbügeln*. Du kannst ein Muster *auszählen*.

Aufmalen geht am besten auf Stramin oder einem ganz feinen Stoff. Du steckst den Stramin oder den Stoff vor dem Bemalen mit Reißnägeln auf einem festen Karton oder auf einem Brett fest. Jetzt kannst du mit Wasserfarben, Wachsmalkreiden oder Filzstiften dein Bild aufmalen und danach aussticken.

Wenn du auf Seite 17 nachblätterst, kannst du ein Beispiel dafür sehen.

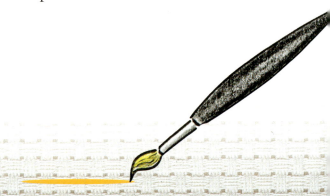

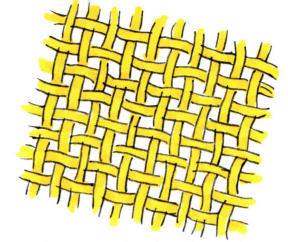

Aufbügeln geht ganz einfach. Es gibt Aufbügelmuster zu kaufen. Das ist ein Seidenpapier, auf dem ein Muster aufgedruckt ist. Du kannst das ganze Muster, so wie es ist, aufbügeln oder es auseinander schneiden und dann aufbügeln.

Und so wirds gemacht: Du nimmst das Bügelpapier und legst es mit der Seite, auf der das Muster glänzt, auf deinen Stoff. Damit es beim Bügeln nicht verrutscht, musst du es auf dem Stoff befestigen. Du kannst es einfach mit Stecknadeln feststecken oder mit großen Stichen am Rand aufnähen. Dann drückst du das Bügeleisen fest auf das Papier. Wenn du es hinterher wieder vom Stoff nimmst, siehst du das Muster abgedruckt auf dem Stoff.

Halt – bevor es richtig losgeht, noch ein paar

TIPPS UND TRICKS

In der Schule lernst du, dass man beim Sticken keinen *Knoten* in den Faden machen soll. Hier darfst du es erst einmal, damit du es ganz einfach hast und du das Sticken so richtig lustig findest.

Knoten machen

Wenn du noch sehr klein bist, bitte jemanden, dir beim Aufbügeln zu helfen. Mit verbrannten Fingern stickt es sich nicht gut!

Auszählen heißt, dass du die Löcher des Stoffes beim Sticken zählst. In diesem Buch sind außer dem Spannstichbild auf Seite 17 alle Muster ausgezählt, weil du so am einfachsten die Stiche lernen kannst. Ich habe für alle Muster sehr groben Stoff genommen, damit du ganz gut die Löcher abzählen kannst.

Jeder Stich hat ein eigenes Kapitel. Zuerst erzähle ich dir etwas über den Stich. Danach siehst du ein Foto, wie der Stich gestickt auf Stoff aussieht. Weiter gehts in dem Kapitel, und du denkst dir vielleicht *»Oh Schreck, was bedeuten die riesigen Karos?«* Auf vielen Seiten sind vorne und hinten ganz große Karos aufgedruckt!

Also, das ist so: In die Karos habe ich dir Zahlen geschrieben und den Stickfaden eingezeichnet. Im »Stickrezept« gebe ich dir immer die Zahl für das Loch an, in das du einstechen musst, und die Zahl für das Loch, bei dem du herauskommen musst. So kannst du ganz genau sehen, wie der Stich gestickt wird, auch auf der Rückseite. Und damit du es noch besser erkennen kannst, habe ich dir die Zahlen und Karos auf der Vorderseite immer blau und auf der Rückseite immer rot gezeichnet.

Damit du auch gleich richtig üben kannst, findest du am Ende des Buches zwei Seiten mit genau den gleichen Karos. Schneide dir einfach ein Stück von einer Seite ab, schreibe auf der Vorderseite und auf der Rückseite meine Zahlen hinein und los gehts: üben, probieren, sticheln. Zum *Sticken auf dem Papier* nimmst du immer eine spitze Nadel, sie sticht besser durch das Papier hindurch. *Aber Achtung, sie piekt!*

Wenn du den Stich schon richtig gut geübt hast, kannst du in jedem Kapitel ein Musterbild mit genau diesem Stich sticken. Die Stickzeichnungen dazu habe ich mir ganz speziell für dich ausgedacht, sie heißen in der Stickersprache *»Zählmuster«*.
Am Rand der Zeichnungen stehen immer Zahlen - das sind die Reihen. Ein paar Stiche werden über zwei oder drei Reihen gestickt. Dann steht immer die gleiche Zahl in zwei oder drei Kästchen übereinander. Zu diesen Zählmustern habe ich dir noch Anleitungen aufgeschrieben, damit du genau und Reihe für Reihe weißt, was du machen musst.

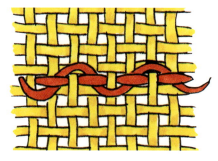

Diese Anleitungen sind oft sehr lang und sehen ziemlich kompliziert aus, aber das sind sie gar nicht. Am einfachsten ist es, wenn du dir ein *Lineal unter die Zeile* legst, in der du gerade stickst. Dann weißt du immer genau, wo du bist.

Wenn du so viel gestickt hast, dass dein Faden ganz kurz geworden ist oder du mit einer anderen Farbe weiterstickst, dann musst du den Faden *vernähen*, damit deine schöne Stickerei sich nicht aufrippelt. Es geht ganz einfach. Du ziehst den Faden auf der Rückseite durch ein paar Stiche hindurch, abschneiden. Fertig.

Hier noch ein letzter Tip: Wenn ich bei den Zählmustern *links* oder *rechts* hinschreibe, dann ist es so gemeint, wie du es vor dir siehst.

Und hier ein aller-, aller-, allerletzter Tipp:
Wenn du die Buchseiten am oberen Rand des Buches mit einer Wäscheklammer festklemmst, bleiben sie aufgeschlagen.

DURCHZOGENER VORSTICH

Ein toller Name, was?

Zum Üben nimm ein Stück von einer der Papierseiten am Ende des Buches, einen Wollrest, einen grünen und einen gelben Stickgarnrest, oder irgendeinen anderen Faden, und eine spitze Nadel.

Auf Seite 10 kannst du etwas zum Üben auf Papier nachlesen.

Schneide den grünen Faden so lang wie diese Buchseite ab. Mache an einem Ende einen dicken Knoten, damit der Faden nicht durch das Papier durchflutschen kann, und fädle ihn auf der anderen Seite durch deine Nadel.

SO SIEHT DER DURCH-ZOGENE VORSTICH VON VORNE AUS...

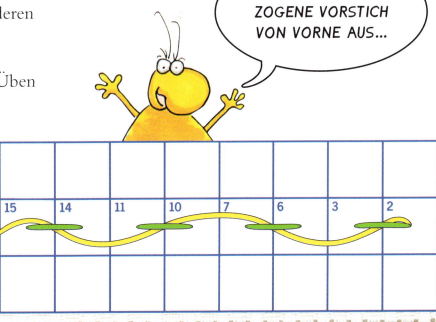

Steche auf der Rückseite bei Loch 1 ein, ziehe den Faden an, bis der Knoten am Loch hängen bleibt. Du kommst auf der Vorderseite bei Loch 2 heraus.
Steche auf der Vorderseite bei Loch 3 ein. Du kommst auf der Rückseite bei Loch 4 heraus.
Steche auf der Rückseite bei Loch 5 ein. Du kommst auf der Vorderseite bei Loch 6 heraus.
Steche auf der Vorderseite bei Loch 7 ein. Du kommst auf der Rückseite bei Loch 8 heraus.
Steche auf der Rückseite bei Loch 9 ein. Du kommst auf der Vorderseite bei Loch 10 heraus.
Steche auf der Vorderseite bei Loch 11 ein. Du kommst auf der Rückseite bei Loch 12 heraus.
Steche auf der Rückseite bei Loch 13 ein. Du kommst auf der Vorderseite bei Loch 14 heraus.
Und das geht immer so weiter.

Teekanne für Pausen

Nimm den gelben Faden, fädle ihn durch die Nadel, mache einen Knoten und ziehe das andere Ende durch das Nadelöhr.

Steche auf der Rückseite bei Loch 1 ein. Ziehe den Faden so lange an, bis er sich am Loch festhält. Du kommst auf der Vorderseite bei Loch 2 heraus.
Steche von oben nach unten unter dem 1. Stich hindurch.
Steche von unten nach oben unter dem 2. Stich hindurch.

Das geht nun immer so weiter, so dass dein zweiter Faden sich wie eine Schlange unter dem gestickten Faden hindurchschlängelt. Ziehe den Faden nur ganz wenig an, damit er sich schön schlängeln kann und richtige Wellenlinien macht.

Schau dir das Foto auf der nächsten Seite genau an, damit du weißt, was ich meine.

Fertig ist dein erster Stich! Jetzt ist er aber nur auf Papier.

Sicher möchtest du auch etwas Hübsches auf Stoff sticken. Vielleicht gefällt dir das Muster auf der nächsten Seite ja so gut, dass du es genauso nachsticken möchtest.

...UND DAS IST DER DURCHZOGENE VORSTICH VON HINTEN!

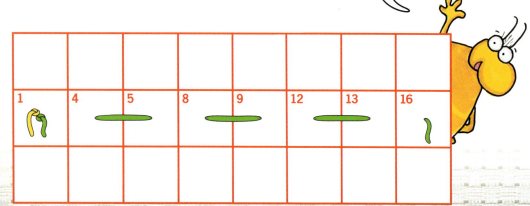

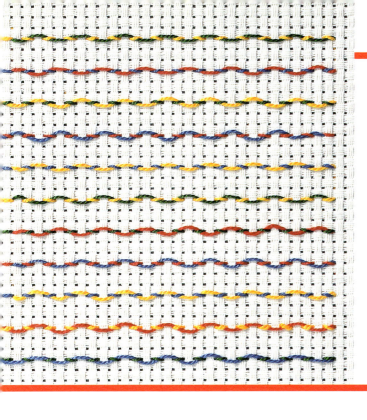

Schneide dir einen grünen Faden ab, und ziehe ihn unter dem gestickten Faden hindurch. Auch das geht wie auf dem Papier.

Messe am unteren Rand deines Stoffes von links nach rechts 5 cm ab, und mache dort einen kleinen Bleistiftpunkt. Messe von dem Punkt 5 cm nach oben, und mache dort wieder einen kleinen Punkt. Am zweiten Punkt fängst du zu sticken an.

Schneide einen gelben Faden so lang wie diese Buchseite ab, mache an einem Ende einen dicken Knoten, fädele das andere Ende durch das Nadelöhr und steche am zweiten Punkt von hinten nach vorne durch. Jetzt stickst du alles genauso wie vorher auf dem Papier. Sticke so viele Stiche, wie es dir gefällt.

BEIM STOFF MUSST DU NATÜRLICH DEN FADEN AUF DER RÜCKSEITE VERNÄHEN. WIE DAS GEHT, STEHT BEI DEN TIPPS UND TRICKS AUF SEITE 10.

Die nächsten Reihen stickst du ganz genauso. Die erste Farbe ist immer der Vorstich, und die zweite Farbe ist immer der »sich hindurch schlängelnde« Stich.

Lasse zwischen den Reihen immer 2 Reihen Löcher leer. Dann gehts mit der 2. Reihe weiter:
Sticke mit einem blauen Faden, geschlängelt wird mit einem roten Faden.
Schon kommt die 3. Reihe: Sticke mit einem grünen und schlängle mit einem gelben Faden.
Die 4. Reihe stickst du mit einem roten und einem blauen Faden, die 5. Reihe mit einem blauen und einem gelben Faden, die 6. Reihe mit einem gelben und einem grünen Faden.

Jetzt hast du schon mehr als die Hälfte gestickt! Sieht dein gesticktes Stück nicht wunderbar aus?

HMPF...F!

Die 7. Reihe stickst du mit einem grünen und einem roten Faden, die 8. Reihe mit einem roten und einem blauen Faden. Die 9. Reihe mit einem blauen und einem gelben Faden, die 10. Reihe mit einem gelben und einem roten Faden und die 11. Reihe mit einem grünen und einem blauen Faden.

Bei meinem Stickmuster ist jetzt Schluss.

Vielleicht gefällt es dir so gut, dass du einfach weitersticken möchtest. Du kannst mit dem Muster wieder von vorne anfangen, oder du kannst die Farben ganz anders mischen, wie es dir Spaß macht.

Lanzelots Rittermaske

14

Und weil du so schön
in Schwung bist,
geht's gleich weiter:
der zweite Stich!
Er heißt

SPANNSTICH

Wie sein Name schon sagt, wird er über den Stoff g e s p a n n t. Du kannst einen ganz kleinen, einen etwas größeren und einen ganz großen Stich machen. Du kannst ihn ganz gerade, etwas schräg oder waagrecht sticken.

Sicher willst du zuerst auf dem Papier üben. Du findest am Ende des Buches einige Seiten kariertes Papier. Schneide dir ein Stück davon ab, und schreibe meine Zahlen genauso auf die Vorder- und die Rückseite des karierten Papiers. Nimm einen Wollrest, einen Stickgarnrest oder irgendeinen anderen Faden. Schneide den Faden so lang wie diese Buchseite ab.

Mache an einem Ende einen dicken Knoten, so dass der Faden nicht durch das Papier hindurchflutschen kann, und fädle ihn auf der anderen Seite durch das Nadelöhr einer spitzen Nadel.

SO SIEHT DER SPANNSTICH VON VORNE AUS!

39	35	31	27	23	19	15	11	7	3
38	34	30	26	22	18	14	10	6	2

Steche auf der Rückseite bei Loch 1 ein, ziehe den Faden an, bis der Knoten am Loch hängen bleibt. Du kommst auf der Vorderseite bei Loch 2 heraus.

Auf Papier solltest du mit einer spitzen Nadel sticken.

Steche auf der Vorderseite bei Loch 3 ein. Du kommst auf der Rückseite bei Loch 4 heraus. Steche auf der Rückseite bei Loch 5 ein. Du kommst auf der Vorderseite bei Loch 6 heraus. Steche auf der Vorderseite bei Loch 7 ein. Du kommst auf der Rückseite bei Loch 8 heraus. Steche auf der Rückseite bei Loch 9 ein. Du kommst auf der Vorderseite bei Loch 10 heraus. Steche auf der Vorderseite bei Loch 11 ein. Du kommst auf der Rückseite bei Loch 12 heraus. Steche auf der Rückseite bei Loch 13 ein. Du kommst auf der Vorderseite bei Loch 14 heraus. Steche auf der Vorderseite bei Loch 15 ein. Du kommst auf der Rückseite bei Loch 16 heraus.

Steche auf der Rückseite bei Loch 17 ein. Du kommst auf der Vorderseite bei Loch 18 heraus. Und das geht immer so weiter.

Wenn du dir meine Stiche auf dem Foto auf der vorhergehenden Seite anschaust, dann siehst du, dass du den Spannstich in alle Richtungen sticken kannst. Große, kleine, schräge, gerade, lange, kurze, waagrechte und senkrechte Spannstiche. Wenn du dann auch noch verschiedenfarbige Fäden nimmst, wirst du staunen, wie toll du mit diesem ganz einfachen Stich sticken kannst.

Jetzt kannst du einfach ein bisschen »herumnadeln«. Das einzige, worauf du achten musst, wenn du auf Stoff stickst: Ziehe die Nadel mit dem Faden durch den Stoff nach unten, so lange, bis dein Spannstich auf dem Stoff glatt und fest aufliegt. Nicht so locker, dass er einfach so als

Schlaufe in der Luft hängt, aber auch nicht so fest, dass der Stoff sich zusammenkrumpelt!

Mit diesem Spannstich kannst du jetzt dein erstes Bild sticken. Vielleicht willst du ein ganz eigenes Bild malen und sticken. Du kannst aber auch dieses hier, das Dilay gemalt und gestickt hat, nachmachen.

DAS IST DER SPANN-STICH VON HINTEN!

Zum Sticken und Malen
brauchst du:

1 Stück Stramin

Malstifte oder Wasserfarben:

Schwarz für die Konturen, Gold für
die Sterne, Gelb für Mond und Haare,
Blau für die Augen, Rot für den Mund,
Rosa für das Kleid und das Gesicht,
Weiß für die Flügel und Hellblau für
die Wolken

Stickwolle in den gleichen Farben

1 stumpfe Sticknadel, Stärke 16

Schere

UUU...UPS!

Vielleicht gibt es Wollreste bei euch zu Hause, die ganz ähnliche Farben haben. Vielleicht magst du ja auch ganz andere Farben. Blau für das Kleid, Rosa für die Wolken, Lila für das Kleid, Gelb für die Wolken und, und, und....

Und jetzt leg einfach los: Male dein Bild auf den Stramin und wenn die Farbe getrocknet ist – sticke!

Schau dir das Bild an. Es ist nicht alles ausgestickt! Wenn du es genau betrachtest, siehst du, dass Dilay nur die Dinge ausgestickt hat, die sie besonders schön fand: bei den Wolken z.B. nur die Umrandung. Hände und Füße sind nur gemalt, aber das Kleid und die Flügel sind ausgestickt.

Bei einem solch tollen Stich, mit dem du so viel machen kannst, fallen dir bestimmt noch 1000 andere Motive ein. Vielleicht auch ein Geschenk für jemand Lieben?

ZUM MUSTERAUFMALEN HABE ICH DIR ETWAS GESCHRIEBEN AUF SEITE 8!

Und gleich geht's weiter mit dem

GOBELINSTICH

Wie durch Zauberei kannst du den Gobelin-stich schon. Er wird nämlich genauso wie der Spannstich gestickt, aber die Stiche sind immer gleich lang, und du stickst sie immer schräg und - ganz wichtig! - in einer Richtung.

Auf diesem Foto ist der Stich richtig gestickt, sieht aber nicht so ganz richtig aus, denn der Gobelinstich muss immer den Stoff »zude-cken«. Man stickt ihn auf Stramin, und weil das kein so schöner Stoff ist, deckt man ihn mit dem Gobelinstich zu. Dieser hier deckt ihn nicht ganz zu, aber ich habe ihn mit Ab-sicht so gestickt, damit du genau erkennen kannst, wie er gestickt aussieht.

Nun zeige ich dir, wie er gestickt wird. Du kannst wieder zuerst auf Papier üben. Wie man das macht, steht auf Seite 10.

Nimm irgendeinen Faden. Schneide ihn so lange wie diese Buchseite ab, und mache ei-nen Knoten an einem Ende. Nimm eine spit-ze Nadel und fädle den Faden ein.
Hier kommt das »Rezept«:

SO SIEHT DER GOBELINSTICH VON VORNE AUS!

Steche auf der Rückseite bei Loch 1 ein. Ziehe den Faden an, dass der Knoten am Loch festsitzt. Du kommst auf der Vorderseite bei Loch 2 heraus.

Steche auf der Vorderseite bei Loch 3 ein. Du kommst auf der Rückseite bei Loch 4 heraus.

Steche auf der Rückseite bei Loch 5 ein. Du kommst auf der Vorderseite bei Loch 6 heraus.

Steche auf der Vorderseite bei Loch 7 ein. Du kommst auf der Rückseite bei Loch 8 heraus.

Steche auf der Rückseite bei Loch 9 ein. Du kommst auf der Vorderseite bei Loch 10 heraus.

Steche auf der Vorderseite bei Loch 11 ein. Du kommst auf der Rückseite bei Loch 12 heraus.

Steche auf der Rückseite bei Loch 13 ein. Du kommst auf der Vorderseite bei Loch 14 heraus.

Steche auf der Vorderseite bei Loch 15 ein. Du kommst auf der Rückseite bei Loch 16 heraus.

Steche auf der Rückseite bei Loch 17 ein. Du kommst auf der Vorderseite bei Loch 18 heraus.

Steche auf der Vorderseite bei Loch 19 ein. Du kommst auf der Rückseite bei Loch 20 heraus.

Das war schon die erste Reihe. War doch einfach, oder? Jetzt kommt die zweite Reihe. Also, los gehts. Sticke wieder nach meinen Zahlen.

Steche auf der Rückseite bei Loch 21 ein. Du kommst auf der Vorderseite bei Loch 22 heraus.

Steche auf der Vorderseite bei Loch 15 ein. Du kommst auf der Rückseite bei Loch 16 heraus.

Steche auf der Rückseite bei Loch 23 ein. Du kommst

auf der Vorderseite bei Loch 24 heraus.

Steche auf der Vorderseite bei Loch 11 ein. Du kommst auf der Rückseite bei Loch 12 heraus.

Steche auf der Rückseite bei Loch 25 ein. Du kommst auf der Vorderseite bei Loch 26 heraus.

Steche auf der Vorderseite bei Loch 7 ein. Du kommst auf der Rückseite bei Loch 8 heraus.

Steche auf der Rückseite bei Loch 27 ein. Du kommst auf der Vorderseite bei Loch 28 heraus.

Steche auf der Vorderseite bei Loch 3 ein. Du kommst auf der Rückseite bei Loch 4 heraus.

Steche auf der Rückseite bei Loch 29 ein. Du kommst auf der Vorderseite bei Loch 30 heraus.

Steche auf der Vorderseite bei Loch 31 ein. Du kommst auf der Rückseite bei Loch 32 heraus. Steche auf der Rückseite bei Loch 33 ein.

Und so geht das nun immer weiter. Versuche, ob du es schon ganz alleine schaffst, ohne meine Zahlen.

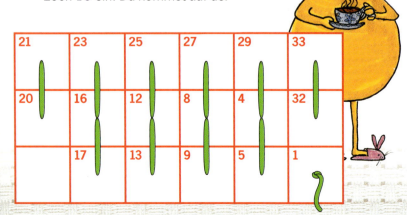

UND SO VON HINTEN!

21	23	25	27	29	33
20	16	12	8	4	32
	17	13	9	5	1

*30 x 30 cm Stramin
(32 Stiche auf 10 cm)*

Stickwolle in Gelb für den Teddy, in Blau für die Hose und den Pulli, in Weiß für die Ringel vom Pulli, in Schwarz für Augen, Nase und Mund, in hellem Beige für die Schnauze, in Braun für die Umrandung der Ohren und in Orange für den Hintergrund

1 stumpfe Sticknadel, Stärke 16

Schere

Bleistift und Lineal

Gefällt dir der Teddybär? Magst du ihn nachsticken? Er ist natürlich im Gobelinstich gestickt, weil dies ja das Kapitel vom Gobelinstich ist.

Messe am unteren Rand deines Stramins von links nach rechts 11 cm ab. Mache mit dem Bleistift dort einen kleinen Punkt. Messe von dem kleinen Punkt 9 cm nach oben. Mache wieder einen kleinen Bleistiftpunkt. Beim zweiten Bleistiftpunkt fängst du zu sticken an, und zwar mit dem linken Fuß des Teddys.

Schneide dir einen gelben Faden ab, so lange wie diese Buchseite. Fädle das eine Ende des Fadens durch das Nadelöhr, mache am anderen Ende einen Knoten. Steche von hinten nach vorne bei dem Bleistiftpunkt durch das Straminloch und los gehts. Halt, noch nicht ganz: Schau schnell nach auf Seite 10, da steht was Wichtiges zu rechts und links.

ODER MACH MAL PAUSE.

Am Rand des Zählmusters stehen Zahlen für die Reihen, und Pfeile sind auch eingezeichnet, damit du die Richtung, in der du gerade stickst, weißt.

Bei Tipps und Tricks auf Seite 10 erfährst du, wie du meine Anleitung und das Zählmuster lesen musst.

1. Reihe: Sticke 7 Gobelinstiche.
2. Reihe: Fange 1 Stich *früher* an. Sticke 8 Stiche.
3. Reihe: Fange 1 Stich *später* an. Sticke 7 Stiche.
4. Reihe: Fange an der *gleichen* Stelle an, an der du in Reihe 3 aufgehört hast. Sticke 5 Stiche.

Wunderbar, der linke Fuß ist schon fertig. Jetzt kommt das linke Hosenbein: Du stickst mit Blau weiter.

5. Reihe: Fange 2 Stiche *früher* an und sticke 9 Gobelinstiche.
6., 7., 8., 9., 10. Reihe: Sticke *genau über* die 5. Reihe, also in jeder Reihe 9 Gobelinstiche.
11. Reihe: Fange 1 Stich *später* an. Sticke 9 Gobelinstiche.
12., 13., 14. Reihe: Sticke *genau über* die 11. Reihe, also in jeder Reihe 9 Gobelinstiche.

Das erste Hosenbein ist fertig. So schön einfach geht das.

Der rechte Fuß folgt. Du stickst wieder mit dem gelben Garn. Lasse zwischen dem linken und dem rechten Fuß 9 Stiche (Löcher) frei.

1. Reihe: Sticke 7 Gobelinstiche.
2. Reihe: Fange an der *gleichen* Stelle an, an der du in Reihe 1 aufgehört hast. Sticke 8 Stiche.
3. Reihe: Fange an der *gleichen* Stelle an, an der du in Reihe 2 aufgehört hast. Sticke 7 Stiche.
4. Reihe: Fange 2 Stiche *später* an. Sticke 5 Stiche.

Auch der rechte Fuß ist fertig. Es folgt das rechte Hosenbein, wieder in Blau:

5. Reihe: Fange 2 Stiche *früher* an als bei der letzten Reihe in Gelb und sticke 9 Gobelinstiche. Zwischen den beiden Hosenbeinen sind 3 Stiche (Löcher) frei.
6., 7., 8., 9., 10. Reihe: Sticke *genau über* die 5. Reihe, also in jeder Reihe 9 Gobelinstiche.
11. Reihe: Fange 1 Stich *früher* an und sticke 9 Gobelinstiche. Zwischen den Hosenbeinen ist jetzt nur noch ein Stich frei.

12., 13., 14. Reihe: Sticke *genau über* die 11. Reihe, also in jeder Reihe 9 Gobelinstiche.

Das zweite Hosenbein ist auch fertig. Jetzt stickst du den Hosenboden.

15. Reihe: Fange 1 Stich *später* an, sticke 17 Gobelinstiche.
16., 17., 18., 19. Reihe: Sticke *genau über* die 15. Reihe, also in jeder Reihe 17 Stiche.
20. Reihe: Fange 1 Stich *später* an, sticke 15 Gobelinstiche.
21. Reihe: Fange an der *gleichen* Stelle an, an der du in der 20. Reihe aufgehört hast. Sticke 15 Stiche.

Schon ist die Hose fertig gestickt. Du fängst mit dem ersten weißen Streifen vom Pullover an. Und natürlich stickst du mit weißem Faden!

HOPPS!

22. und 23. Reihe: Sticke sie ganz genauso wie die 21. Reihe. Fange an der *gleichen* Stelle an, an der du in der 21. Reihe aufgehört hast, und sticke 15 Stiche.

Weiter gehts mit blauem Faden für den ersten blauen Ringel.

24. und 25. Reihe: Sticke sie ganz genauso wie die 22. und 23. Reihe. Fange an der *gleichen* Stelle an, an der du in der 23. Reihe aufgehört hast. Sticke 15 Stiche.

Vergisst du auch nicht, die Fäden zu vernähen? Du weißt nicht mehr, wie das geht? Schau nach auf Seite 10!

Jetzt folgt der dritte Ringel des Pullovers. Er ist wieder weiß.

26. Reihe: Sticke sie noch einmal ganz genauso wie die 25. Reihe. Fange an der *gleichen* Stelle an, an der du in der 25. Reihe aufgehört hast. Sticke 15 Stiche.
27. Reihe: Fange 1 Stich *später* an. Sticke 13 Gobelinstiche.

Es folgt der vierte Ringel und der ist blau!

28. Reihe: Fange 1 Stich *früher* an. Sticke 15 Gobelinstiche.
29. Reihe: Fange 1 Stich *später* an. Sticke 13 Gobelinstiche.

Es folgt der fünfte Ringel. Er ist natürlich wieder weiß!

30. Reihe: Fange 2 Stiche *später* an. Sticke 9 Gobelinstiche.
31. Reihe: Fange an der *gleichen* Stelle an, an der du in der 30. Reihe aufgehört hast. Sticke 9 Gobelinstiche.

Jetzt nimmst du wieder den blauen Faden.

32. Reihe: Fange 1 Stich *früher* an. Sticke 11 Gobelinstiche.
33. Reihe: Fange an der *gleichen* Stelle an, an der du in der 32. Reihe aufgehört hast. Sticke 11 Gobelinstiche.

Jetzt hast du es fast geschafft. Noch zwei Ringel fehlen, ein weißer und ein blauer. Zuerst also den weißen.

34. Reihe: Fange an der *gleichen* Stelle an, an der du in der 33. Reihe aufgehört hast. Sticke 11 Gobelinstiche.
35. Reihe: Fange 1 Stich *früher* an. Sticke 13 Gobelinstiche.

Die 36. und 37. Reihe ist der letzte blaue Ringel, und hier stickst du auch den Halsausschnitt in Blau.

36. Reihe: Fange 2 Stiche *früher* an. Sticke 17 Stiche.
37. Reihe: Fange 3 Stiche *später* an. Sticke 3 Stiche, lasse 5 Stiche frei für den Halsausschnitt, und sticke noch einmal 3 Stiche.

Geschafft! Der Bauch deines Bären ist fertig. Jetzt stickst du die linke Hand. Es geht in der Reihe 17 los und natürlich mit dem gelben Garn.

17. Reihe: Zähle vom blauen Hosenbein in dieser Reihe 6 Stiche nach außen. Sticke 3 Gobelinstiche. Bis zur Hose bleiben dann noch 3 Stiche frei.

18. Reihe: Fange an der *gleichen* Stelle an, an der du in der 17. Reihe aufgehört hast. Sticke 4 Gobelinstiche.

19. und 20. Reihe: sind ganz gleich wie die 18. Reihe.

Jetzt ist die Hand fertig, und du fängst direkt darüber mit dem linken Ärmel an. Der erste Ringel ist blau.

21. Reihe: Fange an der *gleichen* Stelle an, an der du in der 20. Reihe aufgehört hast. Sticke 5 Gobelinstiche.

22. Reihe: Fange 1 Stich *früher* an. Sticke 6 Stiche.

23. Reihe: Sticke genauso wie in der 22. Reihe 6 Stiche.

Nun kommt wieder ein weißer Ringel.

24. Reihe: Fange an der *gleichen* Stelle an, an der du in der 23. Reihe aufgehört hast. Sticke 6 Stiche.

25. Reihe: Fange an der *gleichen* Stelle an, an der du in der 24. Reihe aufgehört hast. Sticke 7 Stiche.

Schon ist der weiße Ringel zu Ende, und du startest wieder mit dem blauen Faden.

26. Reihe: Fange 1 Stich *früher* an. Jetzt ist keine Lücke mehr zwischen Ärmel und dem geringelten Bauch. Sticke 8 Stiche.

27. Reihe: Fange an der *gleichen* Stelle an, an der du in der 26. Reihe aufgehört hast. Sticke 9 Stiche.

Damit es dir nicht langweilig wird, kommt gleich wieder ein weißer Ringel.

28. Reihe: Fange 1 Stich *später* an, das ist gleich neben dem blauen Bauchringel. Sticke 7 Stiche.

29. Reihe: Fange an der *gleichen* Stelle an, an der du in der 28. Reihe aufgehört hast. Sticke 8 Stiche.

Und weiter gehts mit Blau.

30. Reihe: Fange 2 Stiche *früher* an, das ist gleich neben dem weißen Bauchringel. Sticke 9 blaue Stiche.

31. Reihe: Fange an der *gleichen* Stelle an, an der du in der 30. Reihe aufgehört hast. Sticke 9 Stiche.

Weil es ja ein Ringelpulli ist, gehts mit dem weißen Garn weiter.

32. Reihe: Fange einen Stich *später* an, direkt neben dem blauen Ringel vom Körper. Sticke 7 Stiche.

TSCHÜÜ-ÜSS!

33. Reihe: Fange 1 Stich *später* an. Sticke 6 Stiche.

Noch ein allerletzter blauer Ringel.

34. Reihe: Fange an der *gleichen* Stelle an, an der du in der 33. Reihe aufgehört hast. Das ist gleich neben dem weißen Bauchringel. Sticke 5 Stiche.

35. Reihe: Fange 1 Stich *später* an. Sticke 3 Stiche.

Ein einarmiger Teddy, das ist traurig! Sticke ihm noch einen rechten Arm.
Es geht wieder in der Reihe 17 los und natürlich auch wieder mit dem gelben Garn für die Hand. Vergiss nicht, meinen Pfeilen zu folgen!

17. Reihe: Lasse 3 Stiche (Löcher) zwischen der Hose und dem 1. Stich für die Hand frei. Sticke 3 Gobelinstiche.

18. Reihe: Fange 1 Stich *früher* an. Sticke 4 Gobelinstiche.

19. und 20. Reihe: Du fängst da an, wo du in der 18. Reihe aufgehört hast, und stickst auch genauso.

Jetzt ist die Hand fertig.
Du fängst mit dem zweiten Ärmel an. Der erste Ringel ist blau.

21. Reihe: Fange 1 Stich *früher* an. Sticke 5 Gobelinstiche.

22. Reihe: Fange an der *gleichen* Stelle an, an der du in der 21. Reihe aufgehört hast. Sticke 6 Stiche.

23. Reihe: Fange an der *gleichen* Stelle an, an der du in der 22. Reihe aufgehört hast. Sticke 6 Stiche.

Nun kommt wieder ein weißer Ringel.

24. Reihe: Fange an der *gleichen* Stelle an, an der du in der 23. Reihe aufgehört hast. Sticke 6 Stiche.

25. Reihe: Fange 1 Stich *früher* an. Sticke 7 Stiche.

Das war schon der erste weiße Ringel, und du stickst jetzt wieder einen blauen Ringel.

26. Reihe: Fange an der *gleichen* Stelle an, an der du in der 25. Reihe aufgehört hast. Sticke 8 Stiche. Zum Pulloverbauch des Bären ist jetzt keine Lücke mehr.

27. Reihe: Fange 1 Stich früher an.
Das ist gleich neben dem weißen Bauchringel. Sticke 9 Stiche.

Und schon wieder kommt ein weißer Ringel.

28. Reihe: Fange 1 Stich *später* an. Sticke 7 Stiche.

29. Reihe: Fange 1 Stich *früher* an. Das ist gleich neben dem blauen Bauchringel. Sticke 8 Stiche.

Und weiter gehts mit Blau.

30. Reihe: Fange 1 Stich *später* an. Sticke 9 Stiche.

31. Reihe: Fange an der *gleichen* Stelle an, an der du in der 30. Reihe aufgehört hast. Das ist gleich neben dem weißen Bauchringel. Sticke 9 Stiche.

Und schon gehts weiter mit dem weißen Garn.

32. Reihe: Fange 1 Stich *später* an. Sticke 7 Stiche.

33. Reihe: Fange an der *gleichen* Stelle an, an der du in der 32. Reihe aufgehört hast. Das ist gleich neben dem blauen Bauchringel. Sticke 6 Stiche.

TIEF DURCHATMEN UND TEE TRINKEN! DANN WEITERSTICKEN!

So, und hier ist jetzt der letzte blaue Ringel vom rechten Arm.

34. Reihe: Fange 1 Stich *später* an. Sticke 5 Stiche.
35. Reihe: Fange 1 Stich *später* an. Sticke 3 Stiche.

Hurra, hurra, dein Teddy-Pulli ist fertig. Möchtest du, dass der Teddy dich anlacht? Dann sticke ihm Gesicht, Kopf und Ohren. Du beginnst in der 37. Reihe. Sticke in die Lücke, die du am Hals frei gelassen hast. Den Kopf und die Ohren natürlich mit gelbem Garn.

37. Reihe: Sticke 5 Stiche in die Lücke am Halsausschnitt.
38. Reihe: Fange 2 Stiche *früher* an. Sticke 9 Stiche.
39. Reihe: Fange an der *gleichen* Stelle an, an der du in der 38. Reihe aufgehört hast. Sticke 3 Stiche, lasse 3 Stiche frei (für die Schnauze) und sticke 3 Stiche.

40. Reihe: Fange 1 Stich *früher* an. Sticke 3 Stiche, lasse 5 Stiche frei (1 für die Schnauze, 3 für den Mund und noch 1 für die Schnauze) und sticke 3 Stiche.
41. Reihe: Fange 1 Stich *früher* an. Sticke 3 gelbe Stiche. Lasse 7 Stiche offen und sticke 3 Stiche.
42. Reihe: Sticke genauso wie in der 41. Reihe.
43. Reihe: Fange 1 Stich *früher* an. Sticke 4 Stiche. Lasse 7 Stiche offen und sticke 4 Stiche.
44. Reihe: Fange an der *gleichen* Stelle an, an der du in der 43. Reihe aufgehört hast. Sticke 5 Stiche, lasse 5 Stiche offen und sticke 5 Stiche.
45. Reihe: Fange an der *gleichen* Stelle an, an der du in der 44. Reihe aufgehört hast. Sticke 6 Stiche, lasse 3 Stiche offen (für die letzte Schnauzenreihe). Sticke 6 Stiche.

Jetzt darfst du dich eine Reihe lang ausruhen.

46. Reihe: Fange an der *gleichen* Stelle an, an der du in der 45. Reihe aufgehört hast. Sticke ganz einfach 15 Stiche, einen neben den anderen.

Sicher willst du auch, dass dein Bärchen dich anschaut. Deshalb kommen jetzt 2 Augenreihen.

47. Reihe: Fange an der *gleichen* Stelle an, an der du in der 46. Reihe aufgehört hast. Sticke 3 Stiche. Lasse 2 Stiche offen (für das 1. Auge). Sticke 5 Stiche. Lasse 2 Stiche offen (für das 2. Auge). Sticke 3 Stiche.

48. Reihe: Fange 1 Stich *später* an. Sticke 2 Stiche. Lasse 2 Stiche offen. Sticke 5 Stiche. Lasse 2 Stiche offen. Sticke 2 Stiche.

Na, und jetzt kommt wieder was zum Ausruhen.

49. Reihe: Fange an der *gleichen* Stelle an, an der du in der 48. Reihe aufgehört hast. Sticke 13 Stiche.
50. Reihe: Fange 1 Stich *später* an. Sticke 11 Stiche.

Hurra, du hast es fast geschafft.

51. Reihe: Fange 1 Stich *später* an. Sticke 9 Stiche.
52. Reihe: Fange an der *gleichen* Stelle an, an der du in der 51. Reihe aufgehört hast. Sticke 9 Stiche.

Das war der Kopf deines Bärchens. Sicher findest du ihn noch ziemlich hässlich. Kein Wunder, so ohne Augen, Ohren, Mund und Nase.

Also, sticke zuerst einmal die Ohren. Fange mit dem Rand des linken Ohres an, und sticke mit dem dunkelbraunen Garn.

46. Reihe: Fange direkt am Kopf an zu sticken und sticke 2 braune Stiche.
47. Reihe: Fange 1 Stich *früher* an. Sticke 1 braunen Stich. Lasse 1 Stich offen. Sticke 1 braunen Stich.
48. Reihe: Du stickst wieder direkt am Kopf los. Sticke 1 braunen Stich. Lasse 3 Stiche offen. Sticke 1 braunen Stich.
49. Reihe: Sticke genauso wie in der 48. Reihe.
50. Reihe: Sticke 1 braunen Stich, direkt am Kopf, also 1 Stich *früher* als in der 49. Reihe. Lasse 4 Stiche offen. Sticke 1 braunen Stich.
51. Reihe: Fange 1 Stich *später* an. Sticke 1 braunen Stich. Lasse 4 Stiche offen. Sticke 1 braunen Stich.
52. und letzte Reihe: Fange 1 Stich *später* an. Sticke 4 braune Stiche.

Fertig ist die Umrandung des Ohres. Sticke die offen gelassenen Stiche mit gelbem Garn aus. Das andere Ohr stickst du genauso.

So, und damit dein Bärli richtig lieb aussieht, stickst du jetzt das Gesicht.

Beginne in der Lücke, die du für das Schnäuzchen gelassen hast. Sticke zuerst mit dem hellen Beige.

39. Reihe: Sticke in die Lücke 3 Stiche.
40. Reihe: Fange 1 Stich *früher* an. Sticke 1 Stich, lasse 3 Stiche frei (sie sind für den Mund) und sticke wieder 1 Stich.
41. Reihe: Fange 1 Stich *früher* an. Sticke 1 Stich, lasse 1 Stich frei, sticke wieder 1 Stich, lasse 1 Stich frei, sticke 1 Stich, lasse 1 Stich frei, sticke 1 Stich.
42. Reihe: Fange an der *gleichen* Stelle an, an der du in der 41. Reihe aufgehört hast. Sticke 3 Stiche, lasse 1 Stich frei, sticke 3 Stiche.
43. Reihe: Fange an der *gleichen* Stelle an, an der du in der 42. Reihe aufgehört hast. Sticke 2 Stiche, lasse 3 Stiche frei (für die Nase), sticke 2 Stiche.
44. Reihe: Fange 1 Stich *später* an. Sticke 1 Stich, lasse 3 Stiche frei, sticke 1 Stich.

Schon bist du wieder bei der letzten,
45. Reihe: Sticke in die Lücke noch 3 Stiche.

So, und jetzt stickst du die Augen, die Nase und den Mund in alle Lücken, die du gelassen hast, mit schwarzer Wolle. Erst die Augen, dann den Mund und die Nase.

Fertig?
Nein, noch nicht ganz.

Der Stramin ist kein schöner Stoff, deshalb stickt man einen Hintergrund. Bei dem Bären finde ich Orange sehr schön. Nimm die orangefarbene Wolle. Sticke immer um das Bärchen herum, so breit und so hoch du möchtest.

Hat das Sticken Spaß gemacht? Was machst du jetzt mit deinem Bären? Ein Bild? Ein Kissen? Einen Bucheinband? Am Ende des Buches habe ich dir noch eine Menge Ideen aufgeschrieben.

KREUZSTICH

Der Kreuzstich besteht eigentlich aus zwei schrägen Spannstichen, die sich genau in der Mitte überkreuzen.

Du weißt schon, damit du es ganz einfach hast und genau siehst, wie es geht, habe ich die Stiche in große Karos gemalt und Zahlen hineingeschrieben. Dazu habe ich dir ein »Rezept« geschrieben. Wenn du den Zahlen folgst, weißt du genau, wie du sticken musst.

Zum Üben auf Papier brauchst du ein Stück von den Papierseiten am Ende des Buches, einen Wollrest oder sonst irgendeinen Faden, eine spitze Nadel, eine Schere.

Wie du auf Papier üben kannst, steht auf Seite 10.

SO SIEHT DER KREUZSTICH VON VORNE AUS...

6	3	14	11	22	19	30	27	38	35	46	43
2	7	10	15	18	23	26	31	34	39	42	47

Schneide den Faden so lange wie diese Buchseite ab. Fädle ihn durch das Nadelöhr, mache am anderen Ende einen dicken fetten Knoten, so dass der Faden nicht durch das Papier hindurchflutscht. Folge wieder dem »Rezept«.

Steche auf der Rückseite bei Loch 1 ein. Du kommst auf der Vorderseite bei Loch 2 heraus.
Ziehe den Faden an, so dass der Knoten auf der Rückseite am Loch festsitzt.
Steche auf der Vorderseite bei Loch 3 ein. Du kommst auf der Rückseite bei Loch 4 heraus.
Steche auf der Rückseite bei Loch 5 ein. Du kommst auf der Vorderseite bei Loch 6 heraus.

Steche auf der Vorderseite bei Loch 7 ein. Du kommst auf der Rückseite bei Loch 8 heraus.

Das war dein erster Kreuzstich!
Und weiter gehts:

Steche auf der Rückseite bei Loch 9 ein. Du kommst auf der Vorderseite bei Loch 10 heraus.
Steche auf der Vorderseite bei Loch 11 ein. Du kommst auf der Rückseite bei Loch 12 heraus.
Steche auf der Rückseite bei Loch 13 ein. Du kommst auf der Vorderseite bei Loch 14 heraus.
Steche auf der Vorderseite bei Loch 15 ein. Du kommst auf der Rückseite bei Loch 16 heraus.

Das war schon dein zweiter Kreuzstich! Jetzt übst du noch ein bisschen nach meinen Zahlen in den Karos. Probier es aus!

Ach, du kannst es schon so gut, du kannst gleich mit dem Schmetterling anfangen. Wunderbar!

Besen für Wollreste

...UND SO VON HINTEN

44	45	36	37	28	29	20	21	12	13	4	5
48	41	40	33	32	25	24	17	16	9	8	1

Zum Sticken brauchst du:

30 x 30 cm weißen Aida-Stoff
(32 Stiche auf 10 cm)

Spaltgarn in Braun für Körper und Fühler, in Lila, Orange und Schwarz für die großen Flügel, in Dunkelgrün und Rot für die kleinen Flügel

1 stumpfe Sticknadel, Stärke 16

Schere, Bleistift, Stickrahmen, Lineal

ZUM STICKRAHMEN HABE ICH DIR ETWAS GESCHRIEBEN AUF SEITE 8. DORT STEHT AUCH, WIE DU DEN STOFF IN DEN STICKRAHMEN SPANNEN MUSST.

Messe am unteren Rand deines Stoffes von links nach rechts 11 cm ab. Mache mit Bleistift dort einen kleinen Punkt. Messe von dem kleinen Punkt 11 cm nach oben. Mache dort wieder einen kleinen Bleistiftpunkt.

Am zweiten Bleistiftpunkt fängst du mit dem linken hinteren kleinen Flügel zu sticken an. Achtung: Auf Seite 10 steht noch etwas dazu, was rechts und was links ist.

Schneide dir einen grünen Faden so lang wie diese Buchseite ab. Mache an einem Ende einen Knoten, und fädle das andere Ende durch das Nadelöhr.

Damit du es ganz, ganz leicht hast, habe ich dir am Rande des Zählmusters für die einzelnen Reihen Zahlen hingeschrieben.

Und damit es super-duper-einfach geht, habe ich dir in den einzelnen Reihen immer kleine Pfeile gezeichnet, damit du auch noch sehen kannst, in welcher Richtung du sticken musst.

Wenn du vorher auf Papier Kreuzstiche geübt hast, musst du jetzt etwas anders machen: Die Kreuzstiche rücken ganz dicht zusammen, du darfst keinen Zwischenraum lassen (wie auf dem Papier). Probiere es einmal.

Dies ist die 1. Reihe:
Sticke 2 Kreuzstiche.
2. Reihe: Fange 2 Stiche *früher* an. Sticke 6 Kreuzstiche.

Lege dir am besten ein Lineal unter die Zeile, in der du gerade stickst!

3. Reihe: Fange 2 Stiche *früher* an. Sticke 10 Kreuzstiche.
4. Reihe: Fange 2 Stiche *früher* an. Sticke 12 Kreuzstiche.

5. Reihe: In dieser Reihe musst du Platz lassen für den roten Tupfen. Fange an der *gleichen* Stelle an, an der du in der 4. Reihe aufgehört hast. Sticke 4 Kreuzstiche, lasse 4 Stiche frei, sticke 4 Kreuzstiche.
6. Reihe: Fange 1 Stich *früher* an. Sticke 4 Kreuzstiche, lasse 4 Stiche für den Tupfen frei, sticke 4 Kreuzstiche.
7. Reihe: Fange 1 Stich *später* an. Sticke 5 Kreuzstiche, lasse 3 Stiche frei für den Tupfen, sticke 4 Kreuzstiche.
8. Reihe: Fange 1 Stich *früher* an. Sticke 13 Kreuzstiche.
9. Reihe: Fange 1 Stich *früher* an. Sticke 14 Kreuzstiche.
10. Reihe: Fange an der *gleichen* Stelle an, an der du in der 9. Reihe aufgehört hast. Sticke 15 Kreuzstiche.

Der untere Flügel ist schon fast fertig. Aber nur fast! Du musst mit dem roten Spaltgarn noch die Lücke aussticken.

In der 5. Reihe stickst du 4 Kreuzstiche, in der 6. Reihe stickst du 4 Kreuzstiche, und in der 7. Reihe stickst du 3 Kreuzstiche. Einfach nur die Lücken ausfüllen. In jedes leere Kästchen 1 Stich.

Hast du auch nicht vergessen, die Fäden zu vernähen?

So, und jetzt kommt der große linke Flügel dran! Dafür brauchst du das lila Garn. Du stickst wieder hin und her, so wie ich es dir aufgezeichnet habe.

In der 11. Reihe: von außen nach innen. Beginne 1 Stich *später* als in der 10. grünen Reihe. Sticke 14 Kreuzstiche.
12. Reihe: Fange 1 Stich *früher* an. Sticke 17 Kreuzstiche.
13. Reihe: Fange 1 Stich *früher* an. Sticke 18 Kreuzstiche.
14. Reihe: In dieser Reihe musst du wieder Platz lassen für den Punkt. Du beginnst an der Stelle, an der du in der 13. Reihe aufgehört hast. Sticke 9 Kreuzstiche, lasse 2 Stiche offen, sticke 8 Kreuzstiche.

15. Reihe: Du beginnst an der Stelle, an der du in der 14. Reihe aufgehört hast. Sticke 7 Kreuzstiche, lasse für 4 Stiche Platz, sticke 8 Kreuzstiche.

16. Reihe: Fange an der *gleichen* Stelle an, an der du in der 15. Reihe aufgehört hast. Sticke 7 Kreuzstiche, lasse Platz für 6 Kreuzstiche, sticke 6 Kreuzstiche.

17. Reihe: Fange an der *gleichen* Stelle an, an der du in der 16. Reihe aufgehört hast. Sticke 6 Kreuzstiche, lasse Platz für 7 Kreuzstiche, sticke 6 Kreuzstiche.

18. Reihe: Fange an der *gleichen* Stelle an, an der du in der 17. Reihe aufgehört hast. Sticke 6 Kreuzstiche, lasse Platz für 6 Kreuzstiche, sticke 7 Kreuzstiche.

19. Reihe: Fange an der *gleichen* Stelle an, an der du in der 18. Reihe aufgehört hast. Sticke 8 Kreuzstiche, lasse Platz für 4 Kreuzstiche, sticke 6 Kreuzstiche.

20. Reihe: Fange 1 Stich *später* an. Sticke 6 Kreuzstiche, lasse noch zum letzten Mal 2 Stiche offen, sticke 9 Kreuzstiche.

21. Reihe: Fange 1 Stich *später* an. Sticke 15 Kreuzstiche.

22. Reihe: Fange 2 Stiche *später* an. Sticke 12 Kreuzstiche.

14. Reihe: Sticke 2 Stiche in die Lücke.

15. Reihe: Sticke 4 Kreuzstiche.

16. Reihe: Sticke 2 Kreuzstiche, lasse 2 Stiche aus, sticke 2 Kreuzstiche.

17. Reihe: Sticke 2 Kreuzstiche, lasse 3 Stiche aus, sticke 2 Kreuzstiche.

18. Reihe: Sticke 2 Kreuzstiche, lasse 2 Stiche aus, sticke 2 Kreuzstiche.

19. Reihe: Sticke 4 Kreuzstiche.

20. Reihe: Sticke 2 Kreuzstiche.

Nur noch ein paar schwarze Stiche in die letzte kleine Lücke und jetzt ist er ganz fertig, der große linke Flügel.

Hallo, jetzt kommt was Neues: Du stickst den Körper, und zwar mit dem braunen Garn.

Der Körper beginnt in der 5. Reihe: Zähle vom Flügel nach rechts 5 Stiche ab. Sticke 2 Kreuzstiche. 6., 7., 8., 9. und 10. Reihe: Sticke genauso wie in der 5. Reihe. Zum Schluss hast du also 6-mal 2 Kreuzstiche übereinander. 11. Reihe: Jetzt wird der Körper etwas breiter. Fange 1 Stich *früher* an und sticke 4 Stiche. 12., 13., 14., 15., 16., 17., 18., 19. und 20. Reihe: Sticke genauso wie in der 11. Reihe.

Fertig bist du mit dem Körper. Langsam kommst du in die Endrunde! Du stickst den Hals:

21. Reihe: Fange 1 Stich *später* an. Sticke 2 Kreuzstiche.

Das war er schon, der Hals. Jetzt kommt der Kopf:

22. Reihe: Fange 1 Stich *früher* an. Sticke 4 Stiche.

23. Reihe: Sticke darüber noch einmal 4 Stiche.

So, und jetzt stickst du die Fühler: Du stickst sie außen an den Kopf. Sie sind ganz einfach:

23. Reihe: Fange 1 Stich *später* an. Sticke 9 Kreuzstiche.

24. Reihe: Fange 2 Stiche *später* an. Sticke 6 Kreuzstiche.

Und hier kommt die 25. und letzte Reihe: Fange 1 Stich *später* an und sticke ganz einfach 3 Kreuzstiche.

Nun hast du das Äußere des großen Flügels fertig, und das Lila leuchtet wunderschön. Aber der weiße Stoff in der Lücke stört. Fülle also die Lücke mit Stichen aus, zuerst mit Orange.

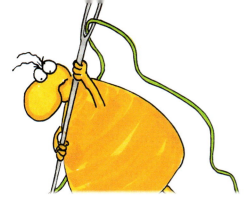

In jeder Reihe stickst du einen Kreuzstich. Und diesen Kreuzstich stickst du immer einen Stich weiter nach außen. Das Ganze machst du 7-mal. Neben den 7. Stich stickst du noch 2 Stiche, so dass du am Ende 3 Stiche nebeneinander hast.

Die linken Flügel sind fertig, der Körper ist fertig, die Fühler sind fertig. Was ein ordentlicher Schmetterling ist, der hat aber zwei Flügel. Also musst du noch den rechten sticken. Vergiss nicht: Zähle wieder die Reihen. Und achte auf die Pfeile.
Zähle von dem linken Flügel nach rechts 24 Stiche ab.

1. Reihe: Sticke 2 Kreuzstiche in Grün.
2. Reihe: Fange 2 Stiche früher an. Sticke 6 Kreuzstiche.

Lege dir ein Lineal unter die Zeile, an der du gerade stickst!

3. Reihe: Fange 2 Stiche *früher* an. Sticke 10 Kreuzstiche.
4. Reihe: Beginne an der *gleichen* Stelle, an der du in der 3. Reihe aufgehört hast. Sticke 12 Kreuzstiche.
5. Reihe: In dieser Reihe musst du Platz lassen für den roten Tupfen. Fange an der *gleichen* Stelle an, an der du in der 4. Reihe aufgehört hast. Sticke 4 Kreuzstiche. Lasse 4 Stiche frei. Sticke 4 Kreuzstiche.
6. Reihe: Fange 1 Stich *später* an. Sticke 4 Kreuzstiche. Lasse 4 Stiche für den Tupfen frei. Sticke 4 Kreuzstiche.
7. Reihe: Fange 1 Stich *früher* an. Sticke 4 Kreuzstiche. Lasse 3 Stiche frei für den Tupfen. Sticke 5 Kreuzstiche.
8. Reihe: Fange an der *gleichen* Stelle an, an der du in der 7. Reihe aufgehört hast. Sticke 13 Kreuzstiche.
9. Reihe: Fange an der gleichen Stelle an, an der du in der 8. Reihe aufgehört hast. Sticke 14 Kreuzstiche.
10. Reihe: Fange 1 Stich *früher* an. Sticke 15 Kreuzstiche.

Der untere rechte Flügel ist schon fast fertig. Du musst nur noch wie beim linken Flügel mit dem roten Garn die Lücke aussticken.
Dann stickst du den oberen rechten Flügel, natürlich mit dem lilafarbenen Garn.

11. Reihe: Fange an der *gleichen* Stelle an, an der du in der 10. Reihe aufgehört hast. Sticke 14 Kreuzstiche.
12. Reihe: Fange 2 Stiche *früher* an. Sticke 17 Kreuzstiche.
13. Reihe: Fange an der *gleichen* Stelle an, an der du in der 12. Reihe aufgehört hast. Sticke 18 Kreuzstiche.
14. Reihe: In dieser Reihe musst du wieder Platz lassen für den Punkt. Fange 1 Stich *früher* an. Sticke 8 Kreuzstiche. Lasse 2 Stiche offen. Sticke 9 Kreuzstiche.
15. Reihe: Fange an der *gleichen* Stelle an, an der du in der 14. Reihe aufgehört hast. Sticke 8 Kreuzstiche. Lasse Platz für 4 Stiche. Sticke 7 Kreuzstiche.
16. Reihe: Fange an der *gleichen* Stelle an, an der du in der 15. Reihe aufgehört hast. Sticke 6 Kreuzstiche. Lasse Platz für 6 Kreuzstiche. Sticke 7 Kreuzstiche.
17. Reihe: Fange an der *gleichen* Stelle an, an der du in der 16. Reihe

aufgehört hast. Sticke 6 Kreuzstiche. Lasse Platz für 7 Kreuzstiche. Sticke 6 Kreuzstiche.

18. Reihe: Fange an der *gleichen*
Stelle an, an der du in der 17. Reihe
aufgehört hast. Sticke 7 Kreuzstiche. Lasse Platz für 6 Kreuzstiche. Sticke 6 Kreuzstiche.

19. Reihe: Fange 1 Stich *später* an.
Sticke 6 Kreuzstiche. Lasse Platz
für 4 Kreuzstiche. Sticke 8 Kreuzstiche.

20. Reihe: Fange an der *gleichen*
Stelle an, an der du in der 19. Reihe
aufgehört hast. Sticke 9 Kreuzstiche. Lasse 2 Stiche offen. Sticke
6 Kreuzstiche.

21. Reihe: Fange 1 Stich *später* an.
Sticke 15 Kreuzstiche.

22. Reihe: Fange 1 Stich *später* an.
Sticke 12 Kreuzstiche.

23. Reihe: Fange 2 Stiche *später*
an. Sticke 9 Kreuzstiche.

24. Reihe: Fange 1 Stich *später* an.
Sticke 6 Kreuzstiche.

25. Reihe: Fange 2 Stiche *später*
an und sticke ganz einfach 3 Kreuzstiche.

Lanzelots Schuhe

*Jetzt musst du nur noch
die Lücke mit Stichen
ausfüllen, und schon ist
der Schmetterling fertig.
Es geht ganz genauso wie
bei dem linken Flügel.*

Gleich über den beiden lila Stichen
in der 13. Reihe stickst du 2 orangefarbene Stiche. Darüber stickst
du 4 orangefarbene Stiche. In der
Reihe darüber stickst du 2 orangefarbene Stiche, lässt 2 Stiche frei
und stickst 2 orangefarbene
Stiche. Und die nächste Reihe:
Sticke 2 orangefarbene Stiche,
lasse 3 Stiche frei und sticke noch
2 orangefarbene Stiche.

Siehst du: Alles genauso wie
beim linken Flügel!
Und noch einmal in der
nächsten Reihe:

Sticke 2 orangefarbene Stiche.
Lasse 2 Stiche frei. Sticke 2 orangefarbene Stiche.
In der vorletzten Reihe: Sticke
4 orangefarbene Stiche.
In der letzten Reihe: Sticke 2 orangefarbene Stiche.

Na, und den Rest stickst
du jetzt einfach noch mit
schwarzen Stichen aus.

Fertig!

Freust du dich über deinen
Schmetterling? Bist du stolz?
Das kannst du auch sein! Was
möchtest du jetzt damit ma-
chen? Ein kleines Bild? Ein
Kissen? Eine Tasche?

*Ganz am Ende des Bu-
ches habe ich dir noch
eine Menge Ideen auf-
geschrieben, was du
aus deinen gestickten
Bildern alles machen
kannst.*

HEXENSTICH

Der Hexenstich wird ganz ähnlich gestickt wie der Kreuzstich. Eigentlich ist er ein schiefer Kreuzstich, denn die beiden Stiche liegen nicht genau in der Mitte übereinander, sondern sie werden am oberen und am unteren Ende gekreuzt.

Schau es dir mal auf dem Foto an. Sicher willst du wieder auf dem Papier am Ende des Buches üben. Auf Seite 10 steht, wie es gemacht wird.

Nimm eine spitze Nadel, fädle die eine Seite des Fadens durch das Nadelöhr und mache auf der anderen Seite einen Riesenknoten. Schreibe dir die Zahlen von meinen Kästchen in deine Kästchen ab.
Im »Rezept« schreibe ich dir wieder ganz genau, in welches Kästchen du einstechen musst.

SO SIEHT DER HEXENSTICH VON VORNE AUS...

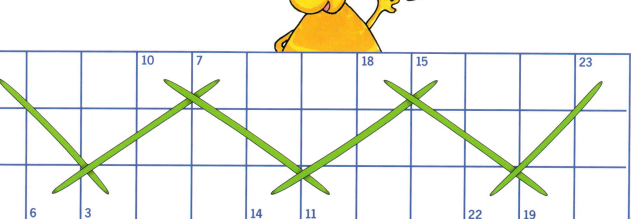

VERGISS NICHT, DIR EIN LINEAL UNTER DIE ZEILE ZU LEGEN, AN DER DU GERADE STICKST.

Und los gehts. Das Rezept:

Steche auf der Rückseite bei Loch 1 ein. Ziehe den Faden an, so lange, bis sich der Knoten am Loch festklammert. Du kommst auf der Vorderseite bei Loch 2 heraus.

Steche auf der Vorderseite bei Loch 3 ein. Du kommst auf der Rückseite bei Loch 4 heraus.

Steche auf der Rückseite bei Loch 5 ein. Du kommst auf der Vorderseite bei Loch 6 heraus.

Steche auf der Vorderseite bei Loch 7 ein. Du kommst auf der Rückseite bei Loch 8 heraus.

Steche auf der Rückseite bei Loch 9 ein. Du kommst auf der Vorderseite bei Loch 10 heraus.

Steche auf der Vorderseite bei Loch 11 ein. Du kommst auf der Rückseite bei Loch 12 heraus.

Steche auf der Rückseite bei Loch 13 ein. Du kommst auf der Vorderseite bei Loch 14 heraus.

Steche auf der Vorderseite bei Loch 15 ein. Du kommst auf der Rückseite bei Loch 16 heraus.

Steche auf der Rückseite bei Loch 17 ein. Du kommst auf der Vorderseite bei Loch 18 heraus.

Steche auf der Vorderseite bei Loch 19 ein. Du kommst auf der Rückseite bei Loch 20 heraus.

Steche auf der Rückseite bei Loch 21 ein. Du kommst auf der Vorderseite bei Loch 22 heraus.

Steche auf der Vorderseite bei Loch 23 ein. Du kommst auf der Rückseite bei Loch 24 heraus.

Na? Kannst du es jetzt?

...UND DAS IST DER HEXENSTICH VON HINTEN!

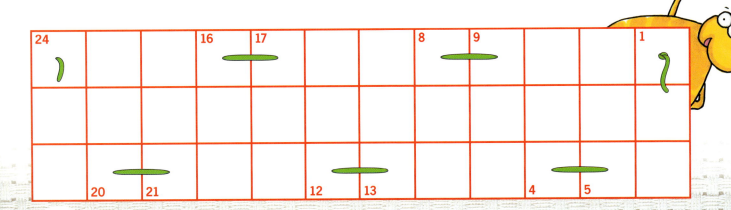

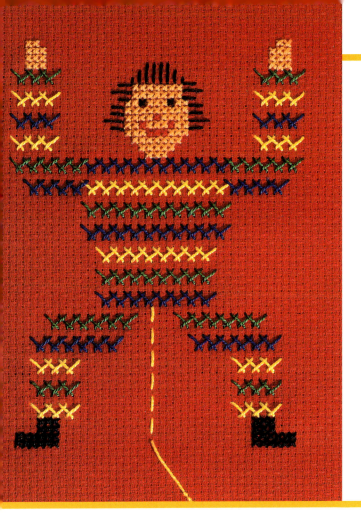

**Zum Sticken
brauchst du:**

*30 x 30 cm roten Aida-Stoff
(32 Stiche auf 10 cm)*

*Perlgarn in Gelb, Grün und Blau
für den Anzug, in Schwarz für die
Schuhe, die Haare und die Augen,
in Orange für Gesicht und Hände
und in Rot für Mund und Nase*

1 stumpfe Sticknadel, Stärke 16

*Schere, Bleistift, Lineal und
Stickrahmen*

Aha, dann willst du bestimmt etwas ganz Großes sticken. Vielleicht gefällt dir mein Hampelmann?

Der Hampelmann ist fast nur aus Hexenstichen gestickt. Die Haare und die Schnur zum Ziehen sind im Spannstich gestickt. Wenn du das Kapitel mit den Spannstichen noch nicht gelesen hast, schau nach auf Seite 15. Hände, Füße, Gesicht, Augen, Nase und Mund sind mit Kreuzstichen gestickt (wie das geht, steht auf Seite 29).
Messe am unteren Rand deines Stoffes von links nach rechts 9 cm ab.

Mache mit Bleistift einen kleinen Punkt. Messe von dem kleinen Punkt 7 cm nach oben. Mache wieder einen kleinen Bleistiftpunkt.
Spanne deinen Stoff in den Stickrahmen (auf Seite 8 steht etwas dazu!). Schneide dir einen Faden, so lange wie diese Buchseite, von dem schwarzen Garn ab. Fädle das eine Ende des Fadens durch das Nadelöhr, mache am anderen Ende einen Knoten. Steche am zweiten Bleistiftpunkt von hinten nach vorne durch den Stoff.

Zu rechts und links habe ich dir noch etwas Wichtiges auf Seite 10 aufgeschrieben.

Wenn du das Zählmuster ganz genau anschaust, siehst du, dass ich nach der vierten. Reihe immer in zwei Kästchen übereinander die gleichen Zahlen geschrieben habe. Weißt du warum? Ja, genau, der Hexenstich ist zwei Löcher hoch!

Du hast den Hexenstich ja auf Papier schon genug geübt. Für den Hampelmann stickst du ihn aber jetzt enger, das heißt, du springst nicht jedesmal drei Löcher weiter, sondern nur zwei. Schau dir das Zählmuster und das Foto genau an, dann kannst du es sehen.

WEIßT DU, WIE MAN DEN KREUZSTICH STICKT? NEIN? SCHAU NACH AUF SEITE 29.

Fange mit dem linken Stiefel an.
1. Reihe und 2. Reihe: Sticke 6 Kreuzstiche.
3. Reihe und 4. Reihe: Fange 3 Stiche *später* an. Sticke 3 Kreuzstiche.

Der linke Stiefel ist fertig. Ist doch ganz einfach, oder? Jetzt beginnt das linke Hosenbein. Schau nach auf dem Zählmuster - ich habe dir »hier« in die Zeichnung geschrieben, da beginnst du mit dem Hexenstich.

5. Reihe: Sticke mit dem gelben Garn 5 Hexenstiche.
6. Reihe: Sticke mit dem grünen Garn 5 Hexenstiche.
7. Reihe: Sticke mit dem gelben Garn 5 Hexenstiche.

8. Reihe: Sticke mit dem blauen Garn 11 Hexenstiche.
9. Reihe: Fange 2 Löcher *später* an zu sticken. Sticke mit dem grünen Garn 11 Hexenstiche.

Fertig ist der linke Stiefel und das Hosenbein!

Jetzt folgt der rechte Stiefel und das rechte Hosenbein. Zähle von der Ferse des linken Stiefels 27 Löcher nach rechts. Dann kannst du ganz genauso sticken wie bei dem linken Stiefel.

Also, zuerst mit dem schwarzen Garn:
1. und 2. Reihe: Sticke 6 Kreuzstiche.
3. und 4. Reihe: Sticke 3 Kreuzstiche.

Darüber kommt das rechte Hosenbein. Zähle vom linken Hosenbein nach rechts 20 Löcher ab. Fange im 21. Loch zu sticken an.

5. Reihe: Sticke 5 Hexenstiche mit gelbem Garn.
6. Reihe: Sticke 5 Hexenstiche in Grün.
7. Reihe: Sticke 5 Hexenstiche in Gelb.
8. Reihe: Zähle vom linken Hosenbein zum rechten Hosenbein 8 Löcher ab. Fange im 9. Loch zu sticken an. Sticke 11 Hexenstiche mit blauem Garn.
9. Reihe: Zähle vom linken Hosenbein zum rechten Hosenbein 4 Löcher ab, fange im 5. Loch zu sticken an. Sticke 11 Hexenstiche mit grünem Garn.

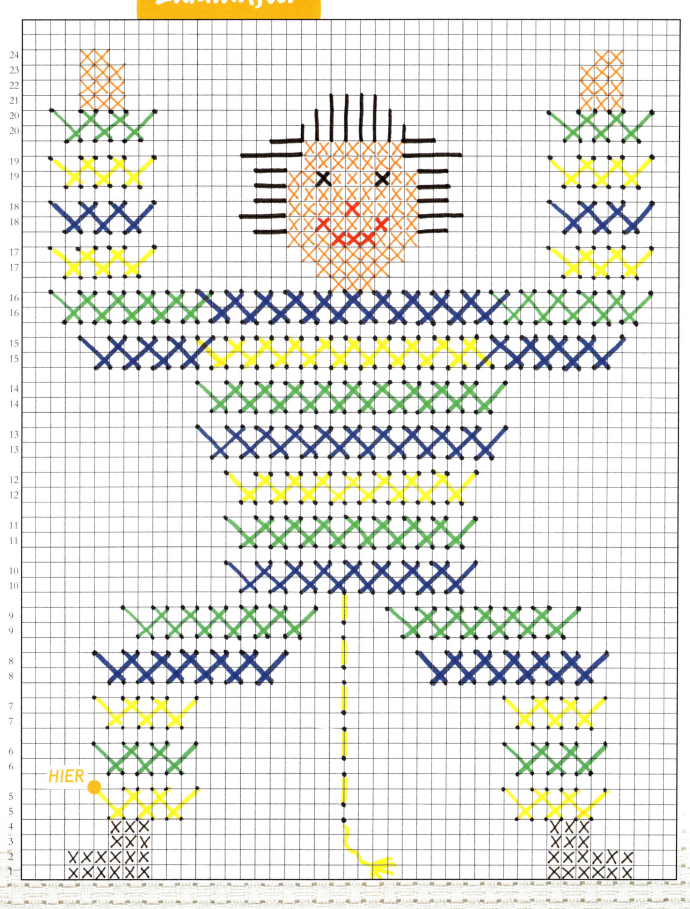

HIER

So, jetzt hast du beide Hosen-
beine gestickt.
Wunderbar! Nun kommt der
Körper.

Fange 6 Hexenstiche *später* an als
das Hosenbein.
10. Reihe: Sticke mit dem blauen
Garn 15 Hexenstiche.
11. Reihe: Sticke mit dem grünen
Garn 15 Hexenstiche.
12. Reihe: Sticke mit dem gelben
Garn 15 Hexenstiche.

Jetzt wird das Kerlchen ein
bisschen breiter. Fange 1 Hexenstich *früher* an.

13. Reihe: Sticke mit dem blauen
Garn 19 Hexenstiche.
14. Reihe: Sticke mit dem grünen
Garn 19 Hexenstiche.
15. Reihe: Sticke mit dem gelben
Garn 19 Hexenstiche.
16. Reihe: Sticke mit dem blauen
Garn 19 Hexenstiche.

Fertig ist der Körper!

Jetzt stickst du die Arme. Sie
beginnen neben dem letzten
gelben Streifen des Körpers.
Das ist die 15. Reihe. Ein
Arm rechts, ein Arm links.

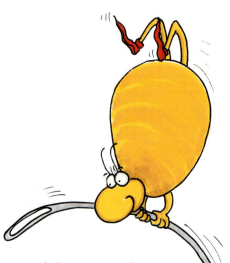

Weil der Hampelmann
seine Arme nach außen
streckt, fängst du in der
15. Reihe beim linken
Arm acht Löcher *früher* an.

15. Reihe: Sticke 7 Hexenstiche
mit blauem Garn.

Das letzte »Bein« des siebten
Hexenstiches liegt schon
über dem 1. Bein des gelben
Hexenstiches. Beim rechten
Arm fängst du direkt am
Körper an und hörst 7 He-
xenstiche später auf.

Und schon gehts weiter mit der nächsten Reihe.

16. Reihe: Sticke mit grünem
Garn. Fange für den linken Arm
1 Hexenstich *früher* an und sticke
wieder bis zum Körper, wie in der
15. Reihe.
Sticke den rechten Arm wie in der
15. Reihe, höre 1 Hexenstich *spä-*
ter auf.

Nun kommt wieder der linke Arm an die Reihe.

17. Reihe: Sticke mit dem gelben
Garn 5 Hexenstiche.
18. Reihe: Sticke mit dem blauen
Garn 5 Hexenstiche.
19. Reihe: Sticke mit dem gelben
Garn 5 Hexenstiche.
20. Reihe: Sticke mit dem grünen
Garn 5 Hexenstiche.
Und zurück zur 17. Reihe:
Zähle 27 Löcher vom linken
Arm nach rechts ab. Hier
fängst du den rechten Arm
zu sticken an, und zwar ganz
genauso wie den linken.

Das arme Kerlchen. Jetzt hat
er Arme, Beine und einen
Bauch, aber keinen Kopf und
keine Hände.

Was magst du zuerst sticken? Ich kann mir vorstellen: den Kopf.

Schneide dir einen orange- farbenen Faden so lang wie diese Buchseite ab, mache auf einer Seite einen Knoten, und fädle die andere Seite durch das Nadelöhr hindurch.

Du stickst zuerst den Hals. Sticke in die Kästchen zwischen der 16. und der 17. Reihe. Zähle von der Innenseite der Arme 11 Löcher ab, denn der Hals muss natürlich genau in der Mitte sitzen. Sticke 3 Kreuzstiche.
17. Reihe: Fange 1 Stich *früher* an. Sticke 5 Kreuzstiche.
17. Reihe: Fange 1 Kreuzstich *früher* an. Sticke 7 Kreuzstiche.

Nanu, hier kommt die 17. Reihe schon wieder! Das ist kein Druckfehler– du weißt doch: Für den Hexenstich brauchst du zwei Kästchen und für den Kreuzstich nur eines.

Jetzt kommt die Reihe mit dem Mund. Das sind die Kästchen zwischen der 17. und 18. Reihe.

Fange 1 Kreuzstich *früher* an. Sticke 3 Kreuzstiche. Lasse Platz für 3 Kreuzstiche (für den Mund). Sticke 3 Kreuzstiche.
In den nächsten vier Reihen stickst du immer an derselben Stelle los.
18. Reihe: Sticke 2 Kreuzstiche. Lasse Platz für 1 Kreuzstich (für den Mund). Sticke 3 Kreuzstiche. Lasse Platz für 1 Kreuzstich. Sticke 2 Kreuzstiche.

Jetzt kommt die Nasenreihe!

Du weißt schon, warum das noch einmal die 18. Reihe ist.

18. Reihe: Sticke 4 Kreuzstiche. Lasse Platz für 1 Kreuzstich (für die Nase). Sticke 4 Kreuzstiche. Jetzt kommt endlich einmal eine Reihe zum Ausruhen: die Kästchen zwischen der 18. und 19. Reihe. Sticke einfach 9 Kreuzstiche. Nun folgt die Augenreihe.
19. Reihe: Sticke 2 Kreuzstiche. Lasse Platz für 1 Kreuzstich (für das linke Auge). Sticke 3 Kreuzstiche.

ZWISCHENDURCH BRAUCHEN WIR EINE KLEINE PAUSE MIT KUCHEN UND TEE!

Lasse Platz für 1 Kreuzstich (für das rechte Auge). Sticke 2 Kreuzstiche.

Jetzt wird´s ein bisschen gemütlicher. Du stickst noch 2 Reihen in Orange für die Stirn. Fange einen Kreuzstich *später* an. Sticke 7 Kreuzstiche und gleich darüber noch einmal 7 Kreuzstiche.

Das Gesicht ist fertig. Aber der Mund und die Augen fehlen. Sticke Kreuzstiche in die Lücken, mit rotem Garn den Mund und die Nase, mit schwarzem Garn die beiden Augen.
Sicher wirst du die Lücken nicht verwechseln und oben den Mund hinsticken und unten die Augen!

Nun stickst du mit Spannstichen die Haare.
Nimm dazu schwarzes Garn. Sticke sie einfach um den Kopf herum, so wie du es hübsch findest oder wie du es auf meinem Bild siehst. Ganz zum Schluss kommen die Hände.

21. Reihe: Sticke genau in die Mitte der Arme 3 Kreuzstiche mit orangefarbenem Garn.
22. Reihe: Sticke genau darüber noch einmal 3 Kreuzstiche.
23. Reihe: Sticke noch einmal 3 Kreuzstiche darüber.
24. Reihe: Fange auf der Innenseite der Hand 1 Stich *später* an. Sticke 2 Kreuzstiche.
Das war die 1. Hand. Die 2. Hand stickst du ganz genauso.

Nun ist dein Hampelmann fast fertig. Es fehlt nur noch die Schnur zum Ziehen. Die Hampel-Schnur habe ich mit Spannstichen in Gelb genau in die Mitte der Beine ge– stickt und am Ende noch ein Stückchen heraushängen lassen, damit es wie bei einem richtigen Hampelmann aussieht. Mache am Ende drei Knoten, und drösle das Garn ein wenig auf, damit es eine kleine Quaste wird.

Fertig ist dein Hampelmann.

Sieht er nicht wunderschön aus?

WIE DIE SPANNSTICHE GESTICKT WERDEN, HABE ICH DIR AUF SEITE 15 BESCHRIEBEN.

44

FANGSTICH

Nachdem du alles schon so gut kannst, geht es gleich weiter mit dem

Er heißt so, weil man eine Schlaufe stickt, die dann von einem anderen Stich festgehalten, gefangen wird.

Und so stickst du den Fangstich: Folge wieder meinem »Rezept«. Denk daran, wenn du auf Papier stickst, eine spitze Nadel zu nehmen.

Zum Üben und »Herumnadeln« hast du am Ende des Buches ein paar Seiten. Schau nach, was ich dir auf Seite 10 dazu geschrieben habe.

Schneide einen Faden ab, und mache an einem Ende einen Knoten. Das andere Ende fädelst du durch das Nadelöhr.

Steche auf der Rückseite bei Loch 1 ein. Ziehe den Faden so lange durch das Loch, bis der Knoten am Loch angekommen ist. Du kommst auf der Vorderseite bei Loch 2 heraus.

SO SIEHT DER FANGSTICH VON VORNE AUS...

5	11	17	23	29	35	41	47	53	59
4	10	16	22	28	34	40	46	52	58
2	8	14	20	26	32	38	44	50	56

Lege dir ein Lineal unter die Zeile, in der du gerade stickst.

Steche auf der Vorderseite wieder bei Loch 2 ein. Ja, das stimmt, du musst wirklich noch mal in Loch 2 einstechen!

Ziehe den Faden so lange an, bis er eine Schlaufe macht. Aber Achtung: Deine Schlaufe muss so groß sein, dass sie bis zu Loch 4 reicht! Halte die Schlaufe mit dem Finger der anderen Hand fest, damit sie dir nicht durch das Loch schlüpft.

Mit deiner Nadel kommst du jetzt auf der Rückseite bei Loch 1 heraus.

Steche auf der Rückseite bei Loch 3 ein. Du kommst auf der Vorderseite bei Loch 4 heraus.

Deine Nadel muss gerade unter der Schlaufe herauskommen.

Du stichst also durch die Schlaufe. Steche ein Loch über der Schlaufe wieder ein, das ist auf der Vorderseite Loch 5. Du kommst auf der Rückseite bei Loch 6 heraus.

Das war dein erster Fangstich. Sicher klingt das alles schrecklich kompliziert. Aber wenn du ganz genau meinen Zahlen folgst, kann gar nichts schief gehen.

So, jetzt probiere es gleich noch einmal mit einem zweiten Stich: Du bist auf der Rückseite bei Loch 6 herausgekommen. Steche auf der Rückseite bei Loch 7 ein. Du kommst auf der Vorderseite bei Loch 8 heraus.

Mache wieder eine schöne Schlinge, so groß, dass sie bis zu Loch 10 reicht. Steche auf der Vorderseite bei Loch 8 wieder ein.

Mit deiner Nadel und dem Faden kommst du jetzt auf der Rückseite bei Loch 7 heraus.

Steche auf der Rückseite bei Loch 9 ein. Du kommst auf der Vorderseite bei Loch 10 heraus.

Deine Nadel kommt gerade unter der Schlaufe heraus. Steche über der Schlaufe wieder ein, das ist auf der Vorderseite Loch 11. Du kommst auf der Rückseite bei Loch 12 heraus.

Das war schon dein zweiter Fangstich. Probier es mal nur mit meinen Zahlen. Na, das geht doch schon prima! Sicher kannst du jetzt auch schon den Fesselballon sticken.

...UND SO VON HINTEN!

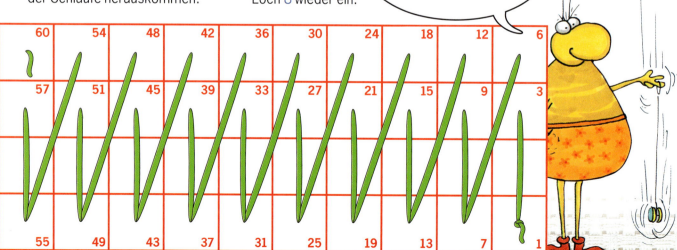

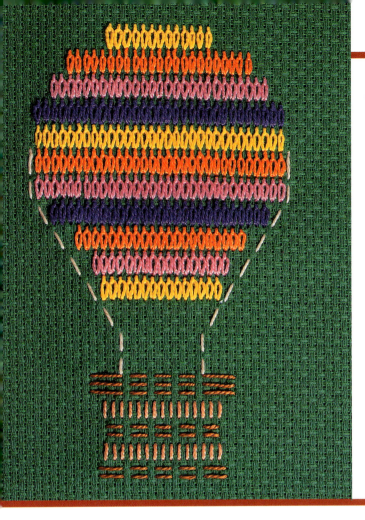

Zum Sticken brauchst du:

30 x 30 cm grünen Aida-Stoff (32 Stiche auf 10 cm)

Perlgarn in Gelb, Orange, Pink und Lila für den Ballon, in Weiß für die Seile, in Braun und Beige für den Korb

1 stumpfe Sticknadel, Stärke 16

Schere

Bleistift und Lineal

Stickrahmen

Weißt du, dass man in einem Fesselballon fährt und nicht fliegt? Dieser Ballon hier tut natürlich weder das eine noch das andere. Doch du kannst davon träumen, wenn du ihn stickst. Er ist fast nur mit Fangstichen gestickt. Für den Korb und die Seile musst du ein klitzekleines bisschen Spannstiche sticken. (Ich habe den Spannstich auf Seite 15 erklärt.)

Damit du es auch ganz, ganz einfach hast, fängst du mit dem Korb und den Spannstichen an zu sticken, obwohl hier das Kapitel mit dem Fangstich ist.

Messe am unteren Rand deines Stoffes von links nach rechts 13 cm ab. Mache mit Bleistift dort einen kleinen Punkt. Messe von dem Punkt 7 cm nach oben. Mache wieder einen kleinen Bleistiftpunkt. Hier fängst du zu sticken an.
Spanne deinen Stoff in den Stickrahmen. Wie das geht? Schau nach auf Seite 8.

Schneide dir einen braunen Faden so lange wie diese Buchseite ab. Fädle das eine Ende des Fadens durch das Nadelöhr, mache am anderen Ende einen Knoten. Und jetzt gehts los:

1. Reihe: Sticke waagrechte Spannstiche.
1. Stich: Sticke über 3 Kästchen, lasse 1 Kästchen frei.
2., 3., 4. Stich: Sticke über 2 Kästchen, lasse 1 Kästchen frei.
5. Stich: Sticke über 3 Kästchen.
Wiederhole diese Reihe gleich noch einmal direkt darüber.
2. Reihe: Sticke senkrechte Spannstiche mit dem beigefarbenen Garn und über 2 Kästchen hoch.
Fange 1 Kästchen später an und sticke 15 Spannstiche nebeneinander.
3. Reihe: Sticke mit braunem Garn waagrechte Spannstiche über 2 Kästchen.
Fange an der gleichen Stelle an wie bei der 2. Reihe.
Sticke 5 Spannstiche, lasse dazwischen immer 1 Kästchen offen.
Wiederhole diese Reihe gleich noch einmal direkt darüber.
4. Reihe: Du stickst ganz genauso, wie du die 2. Reihe gestickt hast und auch mit beigefarbenem Garn.

Macht es dir Spaß, dass dauernd etwas Neues passiert? Sicher wird es dir nicht langweilig! Und schon kommt die letzte Reihe des Korbes.

5. Reihe: Sticke waagrechte Spannstiche mit braunem Garn.
Fange 2 Kästchen früher an als in der 4. Reihe.
1. Stich: Sticke über 4 Kästchen, lasse 1 Loch frei.
2., 3., 4. Stich: Sticke über 2 Kästchen und lasse 1 Loch frei.
5. Stich: Sticke über 4 Kästchen.
Diese Reihe wiederholst du gleich noch zweimal.

Fertig ist der Ballonkorb!

Jetzt stickst du den Ballon. Bevor du zu sticken anfängst, muss ich dir noch etwas erklären. Vorne am Rand deines Zählmusters stehen Zahlen für die Reihen. Du weißt ja, dass der Fangstich so lang ist, dass er 3 Löcher hoch gestickt wird. Beim Fangstich steht deshalb für die gleiche Reihe 3-mal dieselbe Zahl da.

Die erste Farbe, mit der du den Ballon stickst, ist Gelb. Du fängst da an, wo ich im Zählmuster »hier« geschrieben habe.

9. Reihe: Sticke 15 Fangstiche. Und schon kommt eine neue Farbe: Pink.
10. Reihe: Fange 1 Stich früher an und sticke 17 Fangstiche.

Denkst du daran, die Fäden schön zu vernähen? Weißt du noch, wie es geht? Wenn nicht, schau nach auf Seite 10 bei Tipps und Tricks!

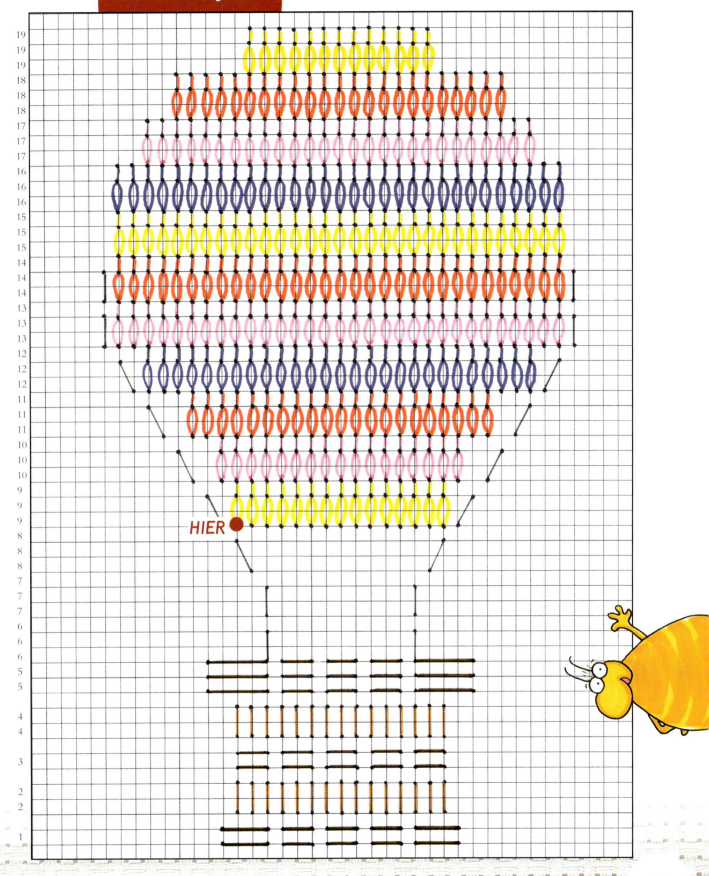

HIER ●

Wieder darfst du mit einer neuen Farbe sticken: Orange.

11. Reihe: Fange 2 Stiche *früher* an und sticke 21 Fangstiche. Nun stickst du mit Lila weiter.

12. Reihe: Fange 3 Stiche *früher* an und sticke 27 Fangstiche.

Und wieder das wunderschöne Pink für die 13. Reihe: Fange 2 Stiche *früher* an und sticke 31 Fangstiche.

14. Reihe: Sticke mit Orange genauso wie die Reihe 13.

15. Reihe: Sticke mit Gelb genauso wie die Reihe 14.

16. Reihe: Sticke mit Lila genauso wie die Reihe 15.

Und jetzt werden es mit jeder Reihe immer weniger Stiche. Gefällt dir das? Oder stickst du so gerne, dass du fast traurig bist, dass es immer schneller geht?

Wieder stickst du mit Pink.

17. Reihe: Fange 2 Stiche *später* an. Sticke 27 Fangstiche.

Und es geht weiter mit Orange.

18. Reihe: Fange 2 Stiche *später* an und sticke 23 Fangstiche.

Hurra, die letzte Reihe!

Sticke mit Gelb die 19. Reihe: Fange 5 Stiche später an und sticke 13 Fangstiche.

Der Ballon ist fertig. Gefällt er dir? Nun ist Schluss mit dem Fangstich, denn du stickst jetzt die Seile und zwar mit Spannstichen. Schau dir das Zählmuster an. Siehst du, in der 14. Reihe gleich neben dem ersten orangefarbenen Fangstich gehts los. Du stickst von oben nach unten, also vom Ballon zum Korb, mit dem weißen Garn. Ich habe dir die Stiche aber in Schwarz gezeichnet, weil du sie sonst auf dem weißen Papier nicht sehen würdest.

14. Reihe: Sticke einen senkrechten Spannstich über 2 Kästchen. Lasse 1 Stich frei.

13. Reihe: Sticke noch einen senkrechten Spannstich über 2 Kästchen und lasse 1 Stich frei. Danach kommen 5 schräge Spannstiche. Du stickst sie über 2 Kästchen nach unten und 1 Kästchen nach innen. Dazwischen lässt du immer 1 Kästchen frei.

In der 7. Reihe: stickst du noch einmal einen geraden Spannstich über

2 Kästchen. Lasse 1 Kästchen frei.

6. Reihe: Sticke noch einmal einen geraden Spannstich über 2 Kästchen nach unten, und du kommst genau am Ballonkorb mit deinem Stich an.

Auf der anderen Seite des Ballons stickst du das Gleiche noch einmal, sonst fallen die armen Leute ja aus dem Korb!

Der Ballon, der Korb und die Seile sind fertig. Ist es nicht ein wunderschöner Ballon geworden? Du kannst natürlich auch noch ein kleines Haus oder Bäume oder eine Sonne dazusticken. Und du kannst das Ganze in einem Bilderrahmen an die Wand hängen.

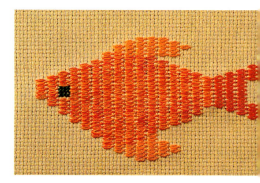

Den Goldfisch kannst du auch mit Fangstichen sticken. Fädle dazu drei rote und drei gelbe Fäden gleichzeitig ein.

Das kannst du alles mit deinen schönen gestickten Sachen machen:

Fahrradwimpel

Beutel für die Schule

Buchzeichen

Schlampermäppchen

Freundschaftsbändchen

Haarband

Turnbeutel

Puppenkleid

Baseball–Mütze

Buchhülle

Stirnband

Du kannst ein Bild auf einen Pulli, ein T-Shirt
oder eine Tasche an deiner Jeans aufnähen,
aufkleben oder gleich aufsticken.

Es gibt große Knöpfe zum Überziehen, daraus kannst du Buttons machen.

Wenn du keinen Platz zum Aufhängen für
dein Stickbild hast, dann mach doch ein
Kissen daraus.

Oder besticke für jemanden, den du magst,
eine Einkaufstasche.

Die Autorin bedankt sich ganz besonders bei Veronika Bayer und Laura Grädler, die alle Stiche fleißig nachgestickt haben, sowie Doris Bayer und Sonja Kaintzyk, die mitgeholfen haben, dass sich keine Fehler einschlichen. Außerdem vielen Dank an Dilay Sözen für die schönen Bilder auf dem Umschlag und auf Seite 17.

Die deutsche Bibliothek–CIP-Einheitsaufnahme

Mein erstes Stickbuch: [der Stick-Kurs für Kinder]/
Ute Hammond.–Augsburg: Augustus-Verl., 1999
ISBN 3-8043-0640-3

Impressum

Fotografie: Klaus Lipa, Augsburg
Lektorat: Margit Bogner
Umschlagkonzeption: Kontrapunkt, Kopenhagen
Satz und Layout: Zentralbüro für Gestaltung, Augsburg
Anleitungszeichnungen: Ute Hammond und Petra Körner
Illustrationen: Charmaine Müller

Von der Autorin ist
bereits erschienen:
»Mein erstes Strickbuch«

Augustus Verlag Augsburg 1999
© Weltbild Ratgeber Verlage GmbH & Co. KG.

Reproduktion: Typework, Augsburg
Druck und Bindung: Appl, Wemding

Gedruckt auf 115 g umweltfreundlich chlorfrei oder elementar chlorfrei gebleichtes Papier.

ISBN 3-8043-0640-3

Printed in Germany